Sydän kerällä

Runoja surusta

© 2024 Sari Backman – Taitto: Mira Andrejeff
Kustantaja: BoD · Books on Demand GmbH, Helsinki, Suomi
Kirjapaino: Libri Plureos GmbH, Hampuri, Saksa
ISBN: 978-952-80-8397-9

Sydän kerällä

Runoja surusta

Sari Backman

Runokirja surumatkalle,

sydänkeräsi lohduksi.

Omistettu vanhempieni muistolle.

Saat
kerälle kierretyn
sydämeni.

Oletko valmis
vetämään narusta?

Ikävä on tehnyt minuun
kaipuun pesän,
kuin sydänkerän.

Lempeiksi sanoiksi
sitoutuneita kuiskauksia kaipuulle.

Kuulen kuinka paljon
sisin säilyttää.
Mieleni hyväillessä elettyä,
rakentaen minuun uuden ajan,
jossa olet ikuisesti läsnä.

Avaa minua,
hiljentäen pilkkuihin,
hiljaisiin lauseisiin,
kasvoillani vaeltaviin
sadepisaroihin.

Kuuntele tuulen läpi,
painaen sanani särkyneet.

Avautuu minusta
lohtua kaipaava suru

kuin kirja.

Kun huomaan
marjoilla yön hopean,
kirkastuu väri hehkuen.

Uuden aamun kauneudessa
kädelleni painan
syysunelman.

Todistaen edessä alttarin
herkän yön suudelman.

Metsän poveen painuu ajatus
kiveen ja kantoon luvaten
yhteistä riitettä riko en.

Muistoissa olet
aina sua rakastaen.

Tiedän miltä tuntuu,

verhon takana
odottaa kuolema.

Katsoa ääneti lasia,
seurata särkyvän hengenvetoja.

Tiedän miltä tuntuu

itkeä,

itkun haukkoessa ilmaa,
etsien ulospääsyä.

Tiedän miltä tuntuu

ajatusten
pudottaessa betonia,

mutta kaikkea,
minun aikani
ei ole vielä tietää.

Hiljaisuus kuulee ajatukset,
surun vahvana kumppanina.

Elät minussa
runona,
lauluna,
ikuisena kuvana.

Koska pimeässä
tähdenlento katoaa.

Yhteisen laulumme sävel
toiveeni palauttaa.

Särkyvä, kun hajoaa
vielä sielu sen tavoittaa.

Taivas pitelee
tehden tilaa.
Käsistäni päästän linnut
pilviin lentämään.

Nousten hiljaisuuden viisaille
sanoille

armolle, iankaikkiselle.

Aikaani hengitän.

Kyyneleiden kipeä kaipaus
ikäväni lähettää.

Rukoilevat puut,
taivaan siveltämät
piirsi kauniin lähdön.

Ikäväni kirjoittaessa
valkoisella,
helmet poskilleni antoi.

Minä vain itkin

ja siinä oli kaikki.

Mustana silkkinä
yö kulkee.

Niittäen muistoja,
ikävöivällä ihollani.

Suruni alastomuudessa,
pistelevät kyyneleet.

Kipeä itku.

Rintaani vasten,
puristettu ohdake.

Kyynelten virret silmissä,
lasittuneissa ikkunoissa.

Surun paljaissa ruuduissa.

Huurrelasia katseessa,
ikävän pesemää harmaata.

Sanojen hyväilyyn sarana aukeaa.
Etsien lohdun eri sävyjä.

Odottaen kulkua,
kaikkien karmien väleihin.

Annan vielä hetken,
viimeisten lintujen
hetkissä lentää.

Palaavat ne kotiin,
sydämeni opetetut.

Kipuni,
kadotetut kyyneleet.

Pakenevat
betonisurun kylmille seinille.
Huoneessa äänetön huuto.

Tunne kätesi lämmössä.
Sydämeni pukeutuessa mustaan,
silittäen ihoani muistoilla.

Hajotessani
tunteiden tuhansiin.
Ihoani viiltäviin siruihin.
Kipuani hengitän.
Tuskan yhä etsiessäsi reittejään,
avoimista haavoista.

Armo on kipuni laastari.

Miksi kuitenkin etsin,
missä niitä säilytän?

Painan
väsyneen mieleni
tuulen syliin.
Annan tuulen tuntua
ohimolta poskipäille.
Koskettaa voimallaan.
Kyynelehtiä silmissä,
pisaroida kasvoilla.

Syksyn puissa hehku,
jakaa kipeän kaipauksen.

Surun kirkkauden.

Ilman sinua.

Hetket elävät minussa,
ymmärtämättä
tunteiden päätösvaltaa.

Keinuttaen minua
kohdusta hautaan,
hyräillen lapin äitiä
ilossa
ja kyynelten valuessa.

Pudotessa rinnoilleni,
kuin tunturipuron
puhdas vesi.

Nähden sen,
mitä ei tunturissakaan
unohda.

Peilaan
sisäistä maisemaani
maisemaasi.

Nähden
pihoillamme kasvavan
samoja puita.

Kun kuluneille lankuille,
askeleitani uudelleen sovitan.
Painautuu syksyn lehdille huokaus.

Huoneeseen hiljainen pyyntö,
rakkaus ei kuole milloinkaan.

Etsin uudelleen värejäni,
jotka kiinni rakastit.

Olethan sydänpuuni.
Kasvussani juuret.
Sinun katseesi.
Äänesi valo.
Yli kaiken kantava rakkaus.

Lintunako lennät
ja minut surusta siivilleni nostat?
Heilutat ylväitä siipiä,
nousten yhä korkeammalle.

Miten saisinkaan siivet,
joilla kanssasi nousta?
Miten saisinkaan lennon
vielä yhteisen?

Liekö lintuna taivaan?
Värinä puiden?
Pyysit kyyneleet pilven.
Muistojen valon.
Kaihoisan runon.
Linnunlaulun.
Ikuisen kuvan.

Kertoen ei kaikki
suruun särkyvään katoa.

Tuolla puolen,
paikka yhteinen.

Missä lipuvat nyt
toteutumattomat haaveet,
kun olet mennyt.

Jäivätkö purjeet minulle?

Vedessä kesän helmet,
- aurinko.

Liplatukset veden alla.
Jalkani hiekassa.
Ollaan tässä.

Yhdessä.

Sinäkin rakastit kesää
ja vettä.

Kutsun sinut
kaipuuni vieraaksi.

Sytyttäen ikkunoihin valot.
Avaten oven.

Tule jo ennen kylmää,
etten sulje ovea ilolta.

Rajalla
pakkasen kosketus,
taivaan sivellin
piirsi kauniin lähdön.

Kuolemaan kätketty kauneus
piirsi näin minuun reittiään.

Ikäväni kirjoitti sanoja
valkoisella,
antoi helmet poskilleni.

Niiasin elämän edessä.

Vieretysten
hankaamme.

Toisiamme
sileämmäksi.

Hengitän
sydänjuuriin asti.

Saadakseni kuplat
taas pinnalle.

Tiimalasin hiekka
valuu sormieni välistä.

Tarjolla kvartsia,
valutettuna kipuna.

Ikuisuuden odottaessa reunalla.

Epätoivon
kiertäessä mahdollisuuksia.

Amaryllis,
joulun kuningatar
päätään nostaa.

Kunnes taipuu,
edessä maljakon
saa toisen elämän.

Ikävä ihollani,
pistekirjoituksena.

Kosketa.

Opit lukemaan
suruani.

Hiljaisuuteen
voi surussa eksyä.

Löydetyt sanat,
johdattavat polulle.

Nauti silloin hivelevistä
lauseista.

Antautuen sulan,
lohdutuksen kaunolle.

Ajattele,
jos sinä maalaisit
minuun värit,
kuin halla
ja oppisin
ihailemaan värejäni.

Ennen lehtien putoamista.

Se olisi kaunein syksy.

Pesen itseni kyynelillä,
joissa on ilmakuplat.

Hengittäen
kuplan kerrallaan.

Itku puhdistaa.

Äiti suutelee kyyneleet.

Laulun sanat
sinua muistelevat.
Irrottaen kyyneleet.

Piilottaen jotain omaa,
meidän yhteistä.

Kaarnan väliin.

Hiljaisuus
antaa.

Luvan olla.

Säröt tekevät
minustakin uniikin.

Olethan hellä.

Jätit jälkeesi merkitykset.
Yhä luotsaten minua
kuin majakka.

Näyttäen valon.

Kynäni puhtaan
jäljen painan,

valkeaan paitaan
pukeudun,

ja annan itselleni
surusta sunnuntain.

Toivon
kellarini oven avautuvan.

Näyttäen
minne säilöin kaiken sen,
jota nyt tarvitsen.

Jakaessamme aikaa.
Käsiemme koskettaessa.
Jalkamme painaessa.
Sydämemme ollessa.
Maisemamme maalatessa,
yhteistä tarinaa.

Puhallat minua kuin höyhentä
ja näet,
miten pehmeästi
taas kerran laskeudun syliisi.

Hartioilleni
hetken hyvä laskeutuu.

Eilisen surun kertomat,
eivät ne kaipauksen heinät
ilman tuulta.

Rakkaus niitä heiluttaa.

Seuraan lentoa,
hennon keltasiipisen.

Kuin peläten,
että jotain
tästä hetkestä
kadotan.

Tuntea voisinko
kauneuden laskeutuvan.

Kun uskallan.

Voin silmäni jo sulkea.

Pilvikattojen rakentaessa
viimeistä tauluaan.
Mieleni kääntyy uneen.

Näen violetin laskeutuvan samettina.
Näyttäen taivasta ikävöivälle kajon,
reittiä päivästä pakenevaan varjoon.

Pitäen viimeistä hetkeä,
sylissään kuin lastaan.

Kaipuun kyyneleitä,
mielen päällä kellumassa.
Pelastuslauttaa etsimässä.
Pitelemässä.
Etten häviäisi näkymättömiin.

Kelluta minua,
kelluta.

Kyynelpisarat
odottavat putoamista.

Harmauteen sidotut silmät
vaeltavat,
rinkka selässään.

Suruni asuu
pyhäinpäivän
kynttilämeren takana.

Siellä on ajatusteni koti.

Syksyn puissa hehku,
jakaa kipeän kaipauksen.

Surulla uusi aika.

Hiljaisuuden huokaillessa,
sekoitan kellon viisarit.
Muistuttamasta
ajan liikkeestä,
ranteen sykkeestä.

Olenko jotain oppinut
kuolemaa odottaessa?

Epävarmuudesta
uusi aikayksikköni.

Ihollani köysi.

Miten elämässä roikutaan,
hetken kiristäessä otettaan.

Sanommeko vielä jotain
vai jätämmekö
kirjan kannet auki?

Elämän jättäessä
yhdelle luvulle
hyvästejään.

Sen olen oppinut.

Suru on kirjoittamaton kirja.

Lehdet tyhjillään.

Vuorollaan täyttyvät.

Jokaisella omaansa.

Rakastan itseni sinuun.
Ripustautuen
muistoksi.
Tunteeksi.
Teoiksi.
Sanoiksi.

Rakentaen siltaa
sinun ja surevien välille.

Että olisi helpompi
ymmärtää askeleet
sillalle,
jolle joskus
jokainen astumme.

Sanat sanottuna.

Teot tehtynä.

Viimeisenä kosketus.

Katson jälkeesi.

Olet sulkenut

- viimeisen kerran.

Kuiskaa käsi koskettaen.
Omaa lastaan lohduttaen.

Katso elämää sydämellä.
Kaikki tärkeä kämmenellä.

Anna rakkauden ohjata,
anteeksi annon sovitella.

Vedessä suruni
heijastuma.
Putoilevat kyyneleet.

Pinnassa,
rakkauden kannattelemat.

Näemme vielä
sinisen taivaan,
pilvien valkeat.

Tänään minulle vilkutat.
Emme toisiamme unohda.

Sade antaa,
metsän tuoksun.
Lapsuuteni saappaisiin
luvan palata,
olla paljaana.

Kesämuistojen
kulkiessa
huolettomalla ihollani.

Avaimet minulla oveen,
jonka luotit minulle.

Jätän sen auki.

Antaen vieraiden kulkea.

Ajallaan.

Kun vanhenen,
enhän unohda
mistä hymy syttyy.

Mitä ystävällisyys
sydämeen ojentaa.

Miten anteeksi sanalla
korjataan.

Kun vanhenen,
enhän unohda.

Mitä on elämää rakastaa.

Juota minua,

vesi laulaa soluissani elämää.

Soljuen mieleni väliköistä,

kesää iholtani viilentäen.

Heijastaen auringon kultaisena.

Synnyttäen kyynelpisaroita.

Kirveltäen ihoani kihelmöinnille.

Muistojen makealle ja suolaiselle.

Syyskuu antaa värinsä.
Kutoo elämälle kumartaen
jälleen torkkupeiton.

Kiertäen lohdun langan.

Lämmintä neulosta,
koko matkalta.

Aaltojen keinuessa,
lintujen hyvästellessä,
lokki katseellaan
kesää kaipaa.

Syksyn tehdessä
omaa aikaa,
lokkikin eteenpäin lentää.

Kaipuun hivuttautuessa
kuin uutena vieraana.

Tuliaisinaan
pimenevät illat,
kynttilät ja
oma pesä.

Luen syksyn melankolisia viestejä.
Kesästä irronneita siivekkäitä.
Näitä veden pintaan kirjoitettuja,
kylmyyden heijastumia.

Haikuna viileys,
menneen nukkuessa
harmaissa laudoissa.
Aika on mitannut matkansa
nurkasta nurkkaan.

Levolle sijaa
vuodenaika petiä.

Mieleni puku tänään,
yksinkertaisuudessaan paljas.
Ilman koruja.
Riittävä peittämään.

Lepään koruttomuudessa,
vaatimatta kehuja.

Juhlat odottavat vuoroaan.
Hetkiä, kun mieli
taas kimaltelee.

Kultaa ja hopeaa.

Veden heijastumassa
näet minun suruni,
silmieni putoilevat kyyneleet.

Jääden hetken pintaan,
suuremman kannatteluun.

Okra taiteilee jälkensä
menneeseen kesään,
kylmän hunnullaan.
Syysmorsian antaa kuin viljasadon,
varastoituneen kauneutensa.

Auringon syleillessä järven pintaa,
tummaan metsään kumartaen.

Syksyssä keijut säteillä tanssii,
säkeeseen illan viimeiseen.
Veden myöhäisissä kultaisissa näen sen,
myös linnut lentävät huomista etsien.

Pakkanen tarjoilee
höyheniä lasille,
kuin lapsen untuvaiselle poskelle.

Jääkiteiden sumusta heijastuma
ja kutsun itseni kodin lämmölle.

Muistoista teen pesän
sydämeni keräksi.

Anna mun vapaana lentää,
ja siivet myös selkääsi piirtää.

Kohta jo huomaat,
me yhdessä lennetään.
Samalla taivaalla,
toisiimme katsotaan.

Omenapuissa kukinnot,
herkät valkoiset kosketukset,
jakavat kanssani kaipauksen,
surun puhtauden.

Uuden ajan,
uuden kevään.

Oksilla huokaus,
elämä kukkii yhä!

Annan suruni hyväilyihin,

jotta näemme toisemme.

Lohtuna sinulle,

Sari

Hyvä lukijani!

Olen kolmen aikuisen lapsen äiti ja asun mieheni kanssa Kirkkonummella. Ammatiltani olen varhaiskasvatuksen lastenhoitaja.

Elämämme suuri suru oli menettää tytär v. 2003 kohtuun rv. 36. Suru on ollut osa elämääni vuosia ja olen toiminut vapaaehtoisena Käpy ry:ssä. Tänä vuonna 2024 menetin molemmat vanhempani vakavien syöpäsairauksien myötä.

Sydän kerällä runokirjani on syntynyt kokemastani ikävästä, surusta sekä lohdusta. Tämä on ensimmäinen omakustanteinen runoteokseni.

Sydämelliset kiitokset tuesta Annu Leppänen, Anneli Kivelä ja Eija Rantanen. Upeasta työstä kiitos kirjan taittajalle Mira Andrejeffille – sinä teit unelmastani totta.

Kirkkonummella syksyisenä lokakuuna 2024

Sari Backman

Milton Keynes UK
Ingram Content Group UK Ltd.
UKHW050054271124
451586UK00008B/67

9 789528 083979